Histoires à raconter pour les petits

Histoires d'école

FLEURUS

Illustration de couverture : Fred Multier
Direction : Guillaume Arnaud
Direction éditoriale : Sarah Malherbe
Édition : Anna Guével et Céladon éditions
Direction artistique : Élisabeth Hebert, assistée de Bleuenn Auffret
Mise en pages : Céladon éditions
Fabrication : Thierry Dubus, Florence Bellot

Site : www.fleuruseditions.com
ISBN : 978-2-2151-2804-5
MDS : 652 275

Histoires à raconter pour les petits

Histoires d'école

Fleurus

Sommaire

À l'école des fantômes

Dans le vieux château abîmé, les petits élèves fantômes vont à l'école tout en haut de la grande tour. Avec leur maître, ils apprennent à traverser les murs et les planchers, faire voler des fauteuils en soufflant de l'air glacé, compter les heures à la grande cloche…

Ils ont aussi des règles à respecter. Il est interdit de faire peur à monsieur Victorin, le gentil habitant du château. Et il ne faut pas sortir pendant le jour, car le soleil fait disparaître les fantômes! Mais Flip et Flipette, les petits fantômes malicieux, ont du mal à rester sages.
Cette nuit-là, pendant la récréation, ils se glissent dans la chambre de monsieur Victorin endormi.
Ils lui chatouillent les pieds et lui tirent la barbichette.
Le vieil homme se réveille en sursaut.
« Horreur, des fantômes! s'affole-t-il. Mon château est hanté! »

Il s'enfuit à toutes jambes, mais Flip et Flipette
le poursuivent :
« Arrêtez ! On va se faire gronder ! »

Hélas, parvenu dans la cour, le vieil homme terrorisé trébuche sur une pierre et dégringole dans le puits.
« Au secours, je suis coincé! Je vais me noyer! » hurle-t-il, en s'agitant dans l'eau. Soudain… dong, dong, dong, dong, dong, dong! Six coups sonnent à la cloche.
Heureusement, les petits fantômes ont appris à compter : il est six heures, il faut vite aider monsieur Victorin avant que le jour se lève!

Ils traversent le sol et atteignent l'eau au fond du puits.
Là, ils soufflent très fort de l'air glacé, comme le maître
le leur a montré. Leur souffle soulève le vieil homme,
qui sort de l'eau et remonte le long du puits.

Mais, tout à coup, il leur fait signe d'arrêter.
Quelque chose brille dans un trou : c'est le trésor de son grand-père, enfin retrouvé !
Voilà monsieur Victorin riche… et sauvé !
À cet instant, le maître surgit, l'air sévère.
« J'ai tout vu, vous avez désobéi ! annonce-t-il à ses deux élèves penauds. Vous aurez 0 en conduite… mais 10 sur 10 pour votre courage et votre débrouillardise ! »

Désormais, les petits fantômes ont une belle classe
dans le château remis à neuf. Et la nuit, Flip et Flipette
tiennent souvent compagnie à leur vieil ami. Ils essaient
de lui apprendre à traverser les murs, mais sans succès !

Le chevalier qui n'aimait pas l'école

Dans la classe d'Aldéric, chaque élève sait ce qu'il fera quand il sera grand. Berthe rêve d'être princesse, Philbert veut devenir troubadour, Clotaire s'imagine prêtre ou même pape ! Aldéric, lui, se destine à la chevalerie car il aime galoper, se battre et manier l'épée. En revanche, il déteste les leçons, même si son père lui répète souvent : « Un chevalier doit savoir lire et écrire ! »

Un jour, lassé de voir Aldéric si peu attentif, son professeur l'entraîne dehors et lui ordonne de monter à cheval, son épée à la main.
Il a placé là des mannequins avec chacun une lettre sur le ventre.
« Voici vos ennemis, annonce-t-il, vous devez les renverser un à un. Mais attention ! Si vous ne respectez pas l'ordre de l'alphabet, vous perdez ! »

Aldéric est surpris, mais ravi. Il réfléchit un instant, cherche le mannequin de la lettre A, pointe son épée, talonne son cheval et BANG ! renverse son premier ennemi.

Rapidement, il repère le B, puis le C. Mais alors, Aldéric ne se souvient plus de son alphabet. Il hésite, aperçoit le O qui ressemble au D et galope droit dessus. Aussitôt, le professeur sonne la fin du combat.

« Vous êtes battu, déclare-t-il. Vous n'avez pas assommé le bon ennemi. Recommençons. »
La bataille reprend avec le A, le B puis le C.
Cette fois-ci, Aldéric enchaîne avec le D et même le E et le F. Mais, ensuite, il se trompe encore.

À la fin de la journée, il n'a toujours pas remporté la victoire.
Vexé et honteux devant ses camarades, il rentre chez lui, relit son alphabet et l'apprend par cœur.
Aussi, le lendemain, quand il repart à l'assaut de ses ennemis imaginaires, il ne fait aucune faute.
« J'ai gagné ! hurle-t-il.
– Bravo ! le félicite Berthe, comme une vraie princesse.

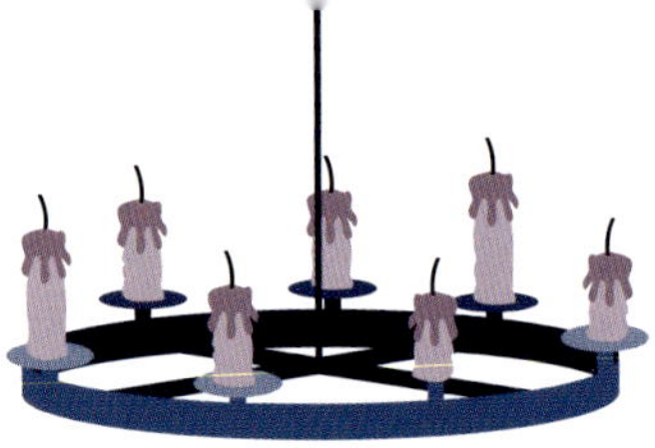

– Et vous connaissez votre alphabet ! » ajoute le professeur.
Aldéric sourit : si la classe est ainsi, il veut bien apprendre à lire et à écrire.
C'est ce qu'il fait d'ailleurs. Et, devenu chevalier, il écrit lui-même sa devise sur son bouclier : APPRENDRE ET COMBATTRE.

La maîtresse est malade

Ce matin, mademoiselle Picorette, la maîtresse, emmène sa classe en promenade.
« N'oubliez pas vos cache-nez et vos bonnets », rappelle-t-elle.
Tout le monde se met alors en route vers la forêt.

Les petits élèves ramassent de jolies feuilles de toutes les couleurs. Mais voilà qu'un petit vent frais soulève les plumes de mademoiselle Picorette. Brrrrrrr…
Elle frissonne.
« Mon bonnet et mon cache-nez sont restés à l'école, quelle tête de linotte ! dit-elle juste avant d'éternuer. Atchi ! Atcha ! Il faut vite rentrer ! »
La maîtresse éternue tout au long du chemin.
« Atchi ! Atcha ! »

De retour à l'école, c'est l'heure de raconter une histoire. Aujourd'hui, la maîtresse a choisi celle d'un loup féroce qui fait peur à tout le monde. Mais mademoiselle Picorette éternue tellement que le loup féroce ne fait plus peur à personne.
« Houuuuuu atchi… Houuuuuu atcha! »

Au lieu de trembler, tous les élèves se mettent à rigoler !
La maîtresse renonce à finir l'histoire.
Les élèves chuchotent :
« Il faut soigner mademoiselle Picorette !

– Moi, je vais dessiner un grand soleil pour la réchauffer, dit Trompette.

– Moi, je vais lui donner le gâteau au miel de mon goûter, murmure Noisette.

– Moi, je vais lui faire le bisou qui guérit tout, comme maman quand je m'écorche les genoux », ajoute Grignotte.

Trompette offre son dessin à mademoiselle Picorette.
« Merci, Trompette, atchi ! Ton beau soleil d'été commence déjà à me réchauffer. »
Noisette lui tend son gâteau au miel.
« Merci, Noisette, atcha ! Ton gâteau au miel est délicieux et je me sens bien mieux. »
Grignotte fait un gros bisou à la maîtresse.
« Merci, Grignotte, ton bisou a fini de me guérir. »

lundi
mardi
mercredi
jeudi
vendredi
samedi
dimanche

La cloche sonne la récréation.
Et cette fois, avant de sortir, ce sont
les petits élèves qui rappellent
à mademoiselle Picorette :
« N'oubliez pas votre cache-nez
et votre bonnet ! »

Le secret du placard

Il y a un mystère à l'école, Lola l'a bien remarqué ! Le soir, après la classe, si les élèves oublient de petits objets sur leur table, ils ne sont plus là le lendemain matin. Il y a eu la règle de Quentin, la trousse de Maeva, le cahier de Théo, des élastiques, des crayons…

Ce jour-là, la fillette entend un bruit dans le placard à balais, au fond de la classe. Elle ouvre discrètement la porte, mais non, il n'y a rien.
Pourtant, elle n'a pas rêvé !
Le soir, Lola laisse sa gomme sur son bureau et profite que la maîtresse discute avec la directrice pour se cacher derrière la bibliothèque.

Soudain, un lutin surgit d'une fente au bas de la porte du placard. Il trottine jusqu'à sa table et s'empare de la gomme.
« Petit voleur, je t'ai découvert ! triomphe Lola en l'attrapant par le bonnet.

– Pardon, je vais tout t'expliquer ! » s'écrie le lutin, affolé.
Suivi de Lola, il retourne dans le placard et ouvre une minuscule trappe sur le sol.
Quelle surprise !
Le monde des lutins se trouve là, sous la classe, et il est fait de petits objets volés !

La trousse est devenue un lit douillet, le cahier s'est transformé en cabane, les crayons forment une barrière, la règle est un pont…

« Les souris ont grignoté notre village, explique le lutin. Alors on le reconstruit comme on peut. Mais c'est fatigant de courir partout dans ta classe. »
Lola comprend, elle pardonne aux lutins.
Elle a même une idée !
Le lendemain soir, elle dépose sur son bureau son poney rose, l'un de ses jouets préférés.

Ainsi, les visiteurs de la nuit pourront explorer toute l'école au galop, et récupérer les objets des étourdis. Mais chut, c'est un secret !

À l'école des petits poissons

La vie était tranquille dans l'étang du Boisfleuri. Chaque jour, les petits poissons se rendaient à l'école où ils apprenaient à faire des bulles bien rondes.
Pendant ce temps, leurs parents chassaient des insectes pour le déjeuner.

Mais un jour, des pêcheurs s'installèrent au bord de l'étang.
Ils avaient fabriqué des appâts avec des plumes de couleur : des libellules bleues, des mouches violettes, des moustiques dorés. Et, dans chacun de ces insectes multicolores, ils avaient caché un hameçon très pointu.
« Les poissons ne savent pas reconnaître une vraie mouche d'une fausse, pensaient-ils. Ils seront bien attrapés. »

Hélas ! Les pêcheurs disaient vrai. Les petits poissons curieux et gourmands fondirent sur les insectes en plumes et les gobèrent tout rond. Heureusement, la maîtresse de l'école abandonna aussitôt les leçons de bulles et dessina sur son grand tableau noir de vraies mouches et de jolies libellules.

Puis, elle fit voir à ses élèves les faux insectes fabriqués par les hommes et leur apprit à faire la différence. Elle trouva quelques plumes que les petits poissons goutèrent et recrachèrent tout de suite. Pouah ! Ce n'était pas du tout aussi délicieux qu'un vrai moucheron.

Elle parla également des hameçons et raconta une histoire très triste de petits poissons qui avaient été pêchés. Et comme la maîtresse aimait bien rigoler, elle imagina un bricolage amusant. Avec les herbes et les cailloux du fond de l'étang, ses élèves fabriquèrent de faux poissons.

« Nous allons prouver aux pêcheurs que nous ne sommes pas idiots, dit-elle. Ils seront bien attrapés. »
En effet, quand les élèves repéraient une drôle de libellule, ils s'approchaient prudemment et accrochaient à l'hameçon un petit poisson doré. S'ils voyaient un moustique bizarre, ils y attachaient un faux poisson.

Au début, les pêcheurs furent étonnés de ne prendre que des poissons de pacotille. Puis ils s'agacèrent. Enfin, ils en eurent assez. Ils reprirent leurs cannes à pêche et leurs plumes colorées et s'en allèrent. Depuis ce jour, à l'étang du Boisfleuri, l'école a repris comme avant !